Contingut

Agraïments 3

Introducció 4

Aran és un país, una nació o una realitat nacional?.. 6

La història de la Vall 7

Era Querimònia... 10

    QUÈ ÉS?.. 10

Economia.. 11

Situació i característiques geogràfiques 14

Aran i Occitània 15

L'aranès 16

Singularitats de l'Aran... 18

ENQUESTES.. 20

    Enquesta 20

    Resultats 21

        Què creieu que és l'Aran?..21

        Quin ha de ser el futur de la Vall d'Aran? 22

        Com és la cultura aranesa? 22

        És l'aranès una llengua que és important que sigui coneguda pels catalans?.. 23

        Creieu que calen mesures urgents per a protegir l'aranès? 23

        Com veieu que els catalans tracten la cultura aranesa (respecte i interès per la llengua, cultura, història, etc.)? 24

        Us sentiu còmode amb la situació polític-administrativa de la Vall (Llei de règim especial de la Vall d'Aran, etc.)?..24

        Cal fer millores? 25

        Interpretació 25

Entrevistes i converses 27
    Model de les entrevistes 28
        Aranès *28*
        Català *30*
    Entrevista a En Luís Carlos Medina 32
        Conclusions de l'entrevista a En Luis Carlos Medina 35
    Entrevista a En Jusèp Loís Sans 37
        Conclusions de l'entrevista a En Jusèp Loís Sans 40
    Entrevista a Na Montserrat Pedarrós 41
        Conclusions de l'entrevista a Na Montserrat Pedarrós 45
Conclusions 47
Glossari 50
Bibliografia 51
Annexos 52

Agraïments

Cal agrair profundament la col·laboració i ajuda a les següents persones i organitzacions:

A la senyora Montse Pedarrós pel seu ajut en la correcció de l'entrevista en aranès, la seva ajuda per a contactar amb gent i per tot en general.

Al personal de l'hotel Aran i Eth Cornèr per la seva cordialitat i gran hospitalitat.

Als senyors Medina i Sans i a tot el Conselh Generau per l'ajuda i predisposició rebuda a més de tots els materials que van facilitar.

A mossèn Amiell per les converses i intercanvis d'opinions que vam tenir les quals van aclarir tant coses pròpies del treball com inquietuds personals.

A tots els aranesos i araneses que van demostrar una gran hospitalitat i interés.

També cal fer menció a la tutora del Treball de recerca, Carme Querol, per tota la dedicació i temps que ha invertit.

A tots ells,

Fòrça gràcies!

Introducció

La Vall d'Aran és un dels indrets més bells i interessants de la geografia pirinenca, malgrat això, molt poca gent coneix la realitat de la vida i el sentiment dels aranesos i araneses que, en aquelles valls, han creat el seu petit gran país.

L'opinió generalitzada dels habitants de l'Aran és que el territori on sempre han viscut és un país diferent del català però que, alhora, es troba dins de Catalunya.

Aquest sentiment és del tot palpable, tot i que al principi molts pensarien que no ho és, i això és el que s'ha volgut descobrir.

En un principi el treball es va voler decantar cap a una vessant més lingüística o sobre el per què de la definició de país però, més tard, ens vam adonar que, per a que es pogués comprendre el per què del sentiment de país, calia primer identificar clarament la Vall d'Aran com un país que sentimentalment, tot i ser de Catalunya, el compartim amb els occitans. Per tant, es va plantejar l'hipòtesi: "És l'Aran un país?"

Això, ens ha fet descobrir molta informació cultural, econòmica i social que ens ha fet trobar una realitat que desconeixíem. Esperem que amb aquest treball s'aconsegueixi que el poble de Catalunya sàpiga que l'Aran és un país amb el que convivim i és culturalment molt ric i, lingüísticament, un baluard per a la defensa de la "llengua d'Òc", l'occità.

Econòmicament l'Aran és un territori que antigament es dedicava a activitats econòmiques de subsistència com la ramaderia o l'agricultura però, a partir de la dècada dels cinquanta del segle passat, s'ha convertit en un exponent turístic molt important per al Principat i, també, per a l'Estat espanyol.

Des d'un punt de vista cultural, l'Aran és una font de cultura que impregna la vida dels occitans i que té des d'agrupacions pro-culturals, esbarts, grups de música aranesa i un *Conselh Generau* que protegeix i promociona aquesta cultura.

Política i socialment, la Vall té un govern "autònom", propi i històric que s'anomena *Conselh Generau* i un representant que és el Síndic. A més, té un règim especial per a l'administració política i territorial de l'Aran. També cal dir que és una societat unida i integradora que està oberta als visitants i nouvinguts d'arreu del Món.

Casualment, fa 700 anys que la Querimònia, el text legal més important de la Vall, es va crear. Aquest és un document que ha permès a l'Aran tenir durant segles un règim autònom i unes lleis pròpies que han configurat la seva manera de ser i de fer al llarg de la història.

Tot aquest coneixement es va anant adquirint al llarg de dos anys de cerca i interès pels aranesos i la seva llengua i per a fer-ho va ser necessari anar a la Vall d'Aran a entrevistar a diversos representants dels sectors poblacionals i a conèixer, en primera persona, la realitat que allà s'hi desenvolupa, a més de buscar a personalitats que eren coneixedores de la realitat que la Vall d'Aran té. Seguidament, i desprès de consultar molts documents, s'ha donat a conèixer quina és la realitat d'aquesta hipòtesi.

Al finalitzar aquest treball estem absolutament d'acord amb l'afirmació que tot aranès coneixedor de la seva història et dirà: *l'Aran ei un país*.

Aran és un país, una nació o una realitat nacional?

La Vall d'Aran, a causa de la seva singularitat, té moltes definicions que li escauen a la perfecció. Oficialment la Vall d'Aran és una realitat nacional, és a dir, no són una nació, però si que tenen alguns trets que els fan únics i distintius de Catalunya i també d'Occitània.

Segons les estudis realitzats en un treball de recerca anomenat *"Sentiment de nacionalitat ena val d'Aran"*, una àmplia majoria dels aranesos senten la Vall d'Aran com a seva i s'identifiquen en molta menys mesura amb Catalunya, fins i tot, hi ha un percentatge més elevat en el sentiment espanyol que en el català. Això ens mostra com la identitat social d'un poble s'ha anat forjant i com, a poc a poc, la Vall d'Aran s'ha convertit en aquesta realitat nacional que el Parlament de Catalunya va oficialitzar a l'Estatut del 2006.

Segons els preàmbul de l'Estatut d'Autonomia de Catalunya de l'any 2006, la Vall d'Aran, oficialment Val d'Aran, és una *"realitat nacional amb entitat pròpia"* i és constitueix com a *"comunitat política i entitat de natura territorial"*.

Altrament, segons les entrevistes que vaig realitzar a diversos sectors socials de la Vall, els aranesos creuen que aquelles valls són també un petit gran país enclavat a les muntanyes dels Pirineus.

Segons l'Institut d'Estudis Catalans, un país és el territori d'una nació o d'un poble. Si descartem el terme nació, un país és el territori d'un poble. Per tant, és l'Aran un poble diferent al català? La definició donada per l'IEC, un poble és el conjunt d'habitants d'un territori, d'un país, units per vincles socials i polítics i per una identitat cultural comuna forjada històricament. Per tant, l'Aran és un poble diferent al català, ja que tenen un cultura diferent i els vincles socials i polítics, històricament, han sigut força aïllats entre les muntanyes de la Vall.

Així doncs, quan parlem de l'Aran, parlem d'un poble que ha forjat el seu país al llarg del temps i, això, ha portat a l'institucionalització de la "Val d'Aran" com una entitat nacional.

La història de la Vall

L'Aran ha sigut un territori amb una gran importància històrica i en el que han passat grans coses. Els monarques catalans li van posar el sobrenom de "Clavis regni", la "clau del regne", ja que ha sigut la porta de Ponent del Principat cap a Catalunya i sempre ha estat utilitzada en els diferents moments històrics per a les invasions i contactes comercials o culturals amb els francesos.

La Vall d'Aran va ser poblada en èpoques anteriors als romans, aquests pobladors es dedicaven a una agricultura molt rudimentària i costosa a causa de la situació geogràfica que va provocar un aïllament social, econòmic i cultural de la Vall respecte a altres territoris que tenien millors connexions amb les grans ciutats properes. Després, seria incorporada a l'imperi romà i a través de la Vall els romans també arribarien a altres llocs de Pallars.

Les primeres referències que trobem a la Vall d'Aran com a comunitat ja formada daten del segle IX, però, no serà fins al segle XI, al 1067, quan fou incorporada al Regne d'Aragó. Al 1167 s'establí una comunitat càtara (una confessió cristiana gairebé desapareguda a dia d'avui). Al 1169 va ser cedida als comtes de Marsan i Bigorra i al 1172, al comte de Comenge, enfortint llaços amb la Gascunya.

Al 1175 es va signar el Tracta de l'Emparança entre Alfons el Cast i els Aranesos en el qual, acceptaven la sobirania catalanoaragonesa i el rei els protegiria i donaria els delmes al monestir de Mijaran a canvi d'un *Galin Reiau*, una mesura feta a un calaix de fusta que equivalia a 216 metres quadrats de blat conreat.

Al 1258 amb el Tractat de Corbeil la influència catalana a Occitània va ser reduïda a la Vall d'Aran, Montpeller, Omeladès i Carlat. Jaume I va voler deixar el territori a Guillem d'Entença, cosa per la que els aranesos van protestar i el rei, escoltant les seves demandes va prometre que restaries a la Corona.

Quan la Croada contra la Corona d'Aragó va succeir, una guerra entre la monarquia francesa i els monarques catalans per al domini d'Occitània, l'exèrcit francès va envair la Vall d'Aran, però com que no era molt viable el seu manteniment temps desprès en va cedir la seva administració al rei Jaume II.

L'any 1312 la Vall va tornar a domini de la Corona d'Aragó i un any després, el 22 de juliol de 1313, el rei Jaume II, establí l'Era Querimònia. Aquests privilegis foren reafirmats pels seus successors fins a l'època d'Isabel II, monarca que regnà a meitats del segle XIX.

A l'any 1389, Aran fou cedit als comtes de Montsó per i a l'any 1411, desprès de l'oferiment del Síndic, les Corts catalanes van acceptar l'integració d'Aran al Principat. Des de 1430 a 1597 va canviar de mans entre catalans i francesos, finalment, quedà a mans catalanes.

Al juny de 1640, amb l'inici de la Guerra dels Segadors, la Generalitat envià una carta al Governador de la Vall demanant-li que obeís al rei de França, però el Governador, que estava emparentat amb un dels principals partidaris del rei d'Espanya, va desobeir l'ordre provocant la seva persecució. La Vall d'Aran va quedar en molt mala posició desprès d'aquest fet, fins a arribar a ser devastada pel conflicte bèl·lic que succeí al país.

Durant la Guerra de Successió, els aranesos van ser partidaris de Carles d'Àustria i van destacar en la lluita pirinenca contra les tropes francocastellanes, però algunes personalitats, com el baró de Les, es van decantar pels borbons, fet que ajudà a mantenir els furs aranesos en el futur.

Al 1805 la Vall va ser posada sota jurisdicció del bisbat d'Urgell, fet que va provocar la salvació de l'aranès a la Vall, ja que el català no havia de ser ensenyat ni parlat a l'Església, però l'aranès va resistir molt més a les temptatives castellanoborbòniques de fer desaparèixer la llengua.

Al 1824 es va derrogar tot tipus de fur a l'Estat espanyol per les noves lleis liberals que s'estaven incorporant a l'Estat, incloent-hi la majoria dels furs de la Vall d'Aran, tot i això, moltes personalitats araneses i alguns estudiosos diuen que la Querimònia mai ha estat suprimida i, per tant, encara tindria validesa legal.

L'últim cop que es va reunir el Conselh Generau d'Aran va ser al 1827, tot i que va ser suprimit al 1834. No seria fins a ben entrada la democràcia en la que els aranesos reclamarien les seves institucions.

Al 1978 es demanà, per part dels aranesos, alguna esmena a l'Estat de Sau, aquest estatut contemplava a Catalunya com un país i es va poder incorporar alguna esmena referent a la Vall d'Aran com a realitat històrica.

Al 1979 es creà la Comissió Pro-restauració de les Institucions Històriques de la Vall d'Aran. Al setembre d'aquell any, es va formar el Conselh Generau Provisionau dera Val d'Aran, no reconegut fins anys després, ara, és l'òrgan de govern de la Vall i té una autonomia que no és habitual a Espanya per part d'organismes que representen a la gent d'una comarca.

Al 1982 es va formar la Comissió de Normalització Lingüística i al 1984 es van iniciar les classes en aranès a l'escola.

Finalment, al 1985 es va crear el Centre de Normalització Lingüística.

Gràcies a tots els canvis que s'han aconseguit en les últimes dècades, l'Aran és l'únic lloc on es protegeix l'occità de manera especial i on se'l té com a llengua oficial. Això ha ajudat a preservar la cultura aranesa i ha donat una certa llibertat d'actuació digna dels estats més democràtics.

Era Querimònia

La querimònia és un document del segle XIV en el qual el rei atorga privilegis al poble aranès. De fet, és un document únic a l'època en el que va ser escrit ja que el document donava una sèrie de privilegis i normes que eren impensables de fer en aquella època.

QUÈ ÉS?

L'Era Querimònia és el dret històric que té el poble d'Aran concedit pel rei Jaume II "el Just". Aquests privilegis van ser aprovats al 1313. Els privilegis es van atorgar gràcies a la tornada de la Vall a la Corona d'Aragó.

Realment, és una compil·lació dels Usatges i Costums aranesos amb privilegis que es van donar gràcies a la fidelitat que els aranesos van demostrar cap als sobirans de la corona d'Aragó.

En aquest document se'ns parla de que els aranesos tenen la propietat de les muntanyes, aigua, boscos i terres (cosa impensable en l'Edat Mitjana). El rei tenia obligació de mantenir els aranesos si havien de sortir en campanya per més d'un dia i, alhora, estaven exempts de pagar tot impost excepte un galí reial.

Els reis següents també van confirmar els privilegis d'aquest document. També va ser confirmada pel rei Felip V de Castella en agraïment per fer la guerra contra els partidaris de l'arxiduc Carles d'Àustria. L'últim cop que va ser confirmada va ser amb Isabel II de Castella.

(Vid. Annexos)

Economia

La Vall d'Aran ha tingut una economia canviant al llarg dels segles, molts segles han passat des de que la Vall fos un lloc ideal per a camps i pastures fins a que la Vall fos el reclam turístic d'hivern més important dels Pirineus catalans. En aquest espai de temps hi ha hagut temps per a l'agricultura de subsistència, una ramaderia destinada al consum, la producció elèctrica o el turisme, que avui dia, ha aclaparat la majoria del sector empresarial d'Aran i una part de les destinacions laborals que es creen per al sector turístic a l'hivern català.

Des de que la Vall d'Aran ha estat poblada fins a la segona meitat del segle passat, l'economia de la Vall es dedicava a l'agricultura i, sobretot, la ramaderia. L'agricultura que es conreava allà era gairebé per ús dels veïns de la zona, les plantes que es feien servir més eren solien ser de gra per a fer farina i també patates. L'agricultura que hi havia a la Vall era sobretot de bestiar boví o també d'ovelles. Fa temps, però, es va començar a criar cavalls i a vendre la seva carn a l'Occitània francesa, ara no en queden pas, de cavalls, a diferència del Pallars.

Una altra forma de guanyar diners amb el sector primari era arrendar terres a l'estiu per a que el bestiar pogués pujar a la Vall i no es quedés a les terres més baixes, com la Depressió Central, on el bestiar patia de calor i tenia risc de morir o agafar malalties pel simple fet de la pujada de temperatures. A l'hivern, els aranesos, baixaven els seus ramats a les Terres de Lleida a que passessin l'estació el millor possible.

Fins que les lleis van protegir els boscos de la Vall, aquests eren una font de riquesa molt important per la Vall. La fusta de faig, avet i de pi roig era comercialitzada en quantia cap a terres catalanes.

La mineria era un sector bastant important a la Vall d'Aran, sobretot a començaments del segle XX, però a mitjans d'aquest, la mineria va tancar les seves portes a la Vall, deixant pas a la generació d'electricitat.

Als inicis del segle XX, sobretot a mitjans, el sector hidroelèctric espanyol es va interessar per la Vall d'Aran. La construcció de les preses i les centrals hidroelèctriques van fer que els altres sectors i activitats econòmiques perdessin importància. La generació energètica de la Vall suposava, a finals dels anys setanta, 11,6% de l'energia produïda a tota Catalunya i un 1,3% a l'Estat espanyol.

La construcció des dels anys seixanta també va patir una revifada permetent la creació de noves infraestructures com carreteres, ponts, túnels... També va permetre l'obertura al turisme a nivell espanyol i francès de la Vall gràcies al Túnel de Vielha, un túnel que va obrir un pas ràpid cap a Catalunya i que obrí les portes cap a unes expectatives econòmiques molt grans.

El túnel de Vielha és un túnel que connecta la Vall d'Aran amb l'Alta Ribagorça i consisteix en dos túnels que van ser inaugurats amb cinquanta-nou anys de diferència. El primer va ser considerat durant setze anys el túnel més llarg del món, aquest fou inaugurat l'any 1948 i s'anomena Túnel Alfons XIII, mentre que el segon fou inaugurat l'any 2007 i va ser anomenat Túnel Joan Carles I. Els túnels, amb una llargada d'entre 5240 (el primer) i 5230 (el segon), no han patit més que dos accidents en la seva història, ja que les mercaderies perilloses circulen pel túnel vell, el qual s'utilitza de galeria d'emergència, i l'altre té dos carrils de pujada i un de baixada que fan que es converteixi en un túnel molt segur per als seus usuaris.

Sense la construcció del túnel que uneix Aran amb la resta de Catalunya, els aranesos seguirien tenint com a via de sortida principal l'Estat francès, això propiciaria un procés d'aculturació o d'intercanvi cultural més intens amb l'Occitània francesa, i per tant, un aïllament cultural respecte a Catalunya.

Finalment, el turisme aranès és el segon més important per nombre de places a nivell català. A partir de la segona meitat del segle XX es va començar a crear una xarxa d'hostaleria molt important. El creixement del turisme i la creació de nous hotels va ser exponencial fins a finals del segle XX. Un gran atractiu turístic de la Vall d'Aran és l'estació d'esquí Baquèira-Beret una de les més actives a nivell europeu. Tot i ser tant activa, el govern aranès preveu que sigui necessària un altre atractiu turístic que pugui durar tot l'any, així que els veïns de la Vall estan provant noves formes de turisme que pugui ser realitzat durant tot l'any.

Situació i característiques geogràfiques

La Vall d'Aran es troba situada a l'extrem Nord-oest de Catalunya i és l'única comarca de Catalunya que pertany en gran part a una conca fluvial atlàntica i, per tant, té un clima predominantment atlàntic.

Limita al Nord i Nord-est amb França, al Sud i Sud-oest amb la província d'Osca i al Sud i Sud-est amb comarques catalanes. Té un total de 33 entitats de població dividides en nou municipis.

A la Vall neixen cinc rius: l'Antòni, l'Hered, el Garona, el Valarties i la Noguèra Palharesa; dos d'ells separats entre sí per uns pocs centenars de metres però discorren en direcció oposada. El Garona, que forma la conca fluvial atlàntica, ja que es dirigeix a França i desprès desemboca a l'Oceà Atlàntic, i la Noguera Pallaresa que desemboca al Segre, i dóna a la seva conca un clima mediterrani.

La part Nord de la Vall de Barravés (una vall ribagorçana) pertany, administrativament, a l'Aran.

Els animals que habiten a la Vall però estan en perill d'extinció són molts com l'ós bru, la cabra catalana, la sargantana aranesa, etc. Altrament, hi ha hagut una possible presència puntual de linx europeu prop d'aquestes valls tot i que no s'ha pogut demostrar oficialment.

Les divisions de les muntanyes de la zona són dues, les serres de Naut Aran i les serres de Vielha e Mijaran. Dintre de cadascuna de les divisions, trobem moltes muntanyes i petites serres que es troben a la Vall.

Aran i Occitània

La Vall d'Aran és una comarca catalana que, culturalment, pertany a Occitània. Es troba situada a l'extrem Nord-est del Principat. Aquesta, curiosament, té un clima atlàntic (a diferència de totes les altres comarques catalanes).

A l'Aran hi ha una divisió municipal i subcomarcal diferent a la que es fa a la resta de Catalunya. La Vall es divideix en Terçons que són una unitat administrativa i geogràfica que existeix a la Vall. Originàriament hi havia tres terçons, però, ara mateix existeixen sis terçons.

La cultura de la Vall d'Aran és la pròpia d'Occitània. Occitània és l'espai sociolingüístic on es parla l'occità en les seves sis variants.

A Occitània hi habiten uns 15 milions d'habitants però només parlen regularment l'occità uns 3 milions. A més, pel que fa a la cultura occitana, pocs artistes lluiten per la seva conservació i l'únic lloc on es protegeix de manera especial la cultura i la llengua és a la Vall d'Aran.

L'occità s'estén per diversos Estats (França, España, Itàlia i Mònaco), en aquests territoris l'occità no està gaire protegit i únicament a la Vall d'Aran és llengua cooficial.

Avui dia les comunitats de parla occitana també s'estenen al llarg del globus terrestre, arribant fins a alguns llocs d'Amèrica. Aquests nuclis lingüístics aïllats es deuen a l'emigració occitana cap a terres més pròsperes durant el segle XVIII i XIX.

L'aranès

L'aranès és una variant dialectal de l'occità, més precisament del dialecte gascó. Aquesta variant és parlada a la Vall d'Aran, per tant, per poc més de 10.000 persones.

Tot i l'impartiment de diferents cursos a algunes ciutats de la geografia de Catalunya, no podem parlar pas d'una normalització lingüística real. Això es deu a la poca presència de l'aranès en els mitjans de *mass media*. Trobaríem un exemple de la seva presència a "Ua man de condes", "es tres bessoes", el telenotícies en aranès, etc. També hi ha una plena integració de l'aranès als centres educatius de la Vall, malgrat això, la influència de les llengües catalana, castellana i francesa han provocat una distorsió de l'aranès introduint neologismes a les muntanyes d'Aran.

L'aranès és comprès per una majoria de la població de la Vall d'Aran i s'aniria reduint conforme es pregunta sobre la seva parla, lectura o escriptura als veïns d'Aran.

Coneixements d'aranès de la població de 2 anys i més a la Vall d'Aran	1996		2001	
	Xifres absolutes	Percentatge	Xifres absolutes	Percentatge
El comprèn	6 295	90,05	6 712	88,88
El sap parlar	4 534	64,85	4 700	62,24
El sap llegir	4 145	59,29	4 413	58,44
El sap escriure	1 746	24,97	2 016	26,69

Font: *IDESCAT, Cens lingüístic de l'aranès de 2001*[3]

Malgrat aquestes xifres tan altes, si ens fixéssim en els usos lingüístics de la llengua, trobaríem que l'aranès ja no és la llengua més utilitzada a casa o a fora sinó que és el castellà i darrere de l'aranès, el català.

Tot i l'ús i reconeixement de la llengua aranesa a Catalunya, membres i sectors centralistes d'organitzacions com el CAOC (Cercle d'Agermanament Occitano-Català) o el *Conselh de la Lengua Occitana* (escrit en gascó) han expressat que seria preferible un ensenyament unitari de l'occità, és a dir, ensenyar un gascó estàndard a tota Gascunya, i, per suposat, a la Vall d'Aran. Això eliminaria algunes de les diferències que fan que l'occità tingui moltes riques variants.

Singularitats de l'Aran

La Vall d'Aran té una sèrie de singularitats que han ajudat en gran mesura a construir la seva cultura i el seu esperit. D'aquestes, les més importants serien el mateix nom d'Aran, la llengua, la cultura, la història i la geografia. Explicaré en breu mesura el per què de cadascuna d'elles, començant per la darrera.

Geogràficament, la Vall d'Aran es trobava gairebé aïllada durant sis mesos a l'any a causa de les neus que impossibilitaven el pas entre les muntanyes de mercaderies o persones. Això, va provocar un aïllament socioeconòmic molt important. Trobem, per exemple, que l'economia era, en un principi, de subsistència i pocs productes que es venien arribaven gaire lluny de la Vall. Socialment, la gent es relacionava molt més amb l'Occitània francesa i amb els pobles de la Vall, per tant, hi havia una relació molt estreta entre la societat aranesa i gascona o francesa.

La història de la Vall amb els regnes hispànics comença al segle XI però, realment, hi ha una relació molt estreta a partir del segle XV, amb Jaume II "el Just". Abans d'aquest fet, la seva història es basa en un context occità i per tant, tenen una provinença diferent que els altres comptats o territoris catalans, que, en la majoria dels casos van bregar plegats des del 988, data del trencament del pacte de vassallatge de Catalunya dels regnes francs.

La cultura i llengua araneses són occitanes, és a dir, culturalment no formen part de la cultura catalana. Occitània, que esdevenia un referent per als aranesos, tenia la seva pròpia cultura i llengua que es va plasmar a tots els territoris de manera diferent, en especial a l'Aran, on la cultura aranesa té alguns trets diferencials amb els altres territoris occitans a causa de la situació geogràfica i la seva interrelació històrica, social i cultural amb el Principat. La llengua aranesa, l'aranès, és una variant dialectal de l'occità que es parla entre les muntanyes pirinenques de l'Aran.

Per acabar, el nom que és donat a aquelles valls és Val d'Aran, Vall d'Aran en català. Aran és una paraula que podria tenir diferents significats segons els experts. Molts d'aquests experts creuen que el nom prové de l'èuscar antic, que vol dir "vall". També podria tenir el significat de "pruna" o "aranyoner", un arbust molt comú a la Vall. Hi ha un darrer ètim que no podem descartar que podria ser "arrano" o "arran" que en èuscar significa "àliga". Per tant, la Vall d'Aran podria significar etimològicament "vall de la vall", "vall de l'aranyoner" o fins i tot "vall de l'àliga". Tot i això, el més acceptat seria el primer que, formant un pleonasme, dóna que nom a la vall dels aranesos, la Vall d'Aran.

ENQUESTES

Les enquestes realitzades han seguit el model que es mostra a continuació. Han sigut fetes a 30 subjectes d'edats diferents.

Enquesta
- Què creieu que és l'Aran?
    R1 Únicament una comarca
    R2 Un país però sense ser nació
    R3 Una nació sense Estat
- Quin ha de ser el futur de la Vall d'Aran?
    R1 Seguir com ara
    R2 Adquirir més competències per al Conselh Generau
    R3 Esdevenir un Estat independent
- Com és la cultura aranesa?
    R1 Única
    R2 semblant o igual a l'occitana
    R3 Ambdues respostes
- És l'aranès una llengua que és important que sigui coneguda pels catalans?
    R1 Sí
    R2 No
    R3 Ns/Nc
- Creieu que calen mesures urgents per a protegir l'aranès?
    R1 Sí
    R2 No
    R3 Ns/Nc
- Com veu que els catalans tracten la cultura aranesa (respecte i interès per la llengua, cultura, història, etc.)?
    R1 Molt bé
    R2 Bé
    R3 Solen ser indiferents
    R4 Malament
    R5 Molt malament

- Us sentiu còmode amb la situació polític-administrativa de la Vall (Llei de règim especial de la Vall d'Aran, etc.)?
  R1 Sí
  R2 No
  R3 Ns/Nc
- En cas de contestar No, cal fer millores? Esmenteu quines R1 Sí, ...
  R2 No

Resultats

Què creieu que és l'Aran?

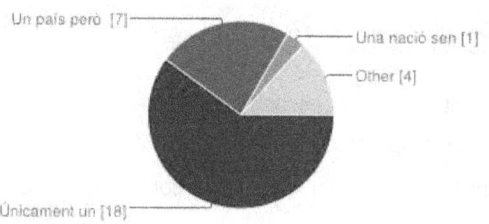

Únicament una comarca	**18**	60%
Un país però sense ser nació	**7**	23%
Una nació sense Estat	**1**	3%
Altres	**4**	13%

Quin ha de ser el futur de la Vall d'Aran?

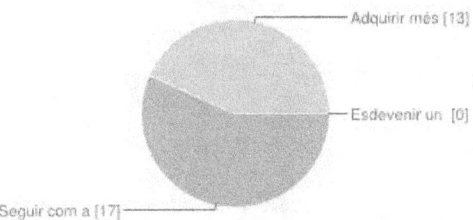

Seguir com ara	**17**	57%
Adquirir més competències per al Conselh Generau	**13**	43%
Esdevenir un Estat independent	**0**	0%

Com és la cultura aranesa?

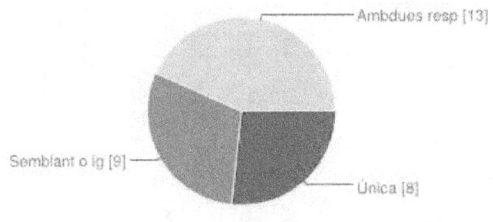

Única	**8**	27%
Semblant o igual a la catalana	**9**	30%
Ambdues respostes	**13**	43%

És l'aranès una llengua que és important que sigui coneguda pels catalans?

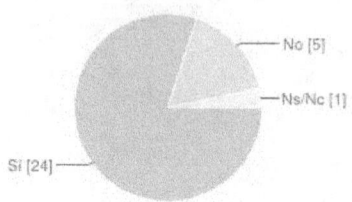

Sí	24	80%
No	5	17%
Ns/Nc	1	3%

Creieu que calen mesures urgents per a protegir l'aranès?

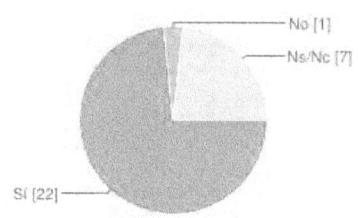

Sí	22	73%
No	1	3%
Ns/Nc	7	23%

Com veieu que els catalans tracten la cultura aranesa (respecte i interès per la llengua, cultura, història, etc.)?

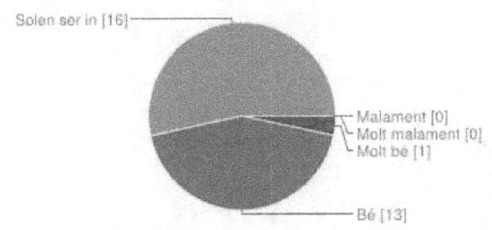

Molt bé	1	3%
Bé	13	43%
Solen ser indiferents	16	53%
Malament	0	0%
Molt malament	0	0%

Us sentiu còmode amb la situació político-administrativa de la Vall (Llei de règim especial de la Vall d'Aran, etc.)?

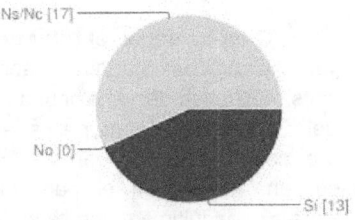

Sí	13	43%
No	0	0%
Ns/Nc	17	57%

Cal fer millores?

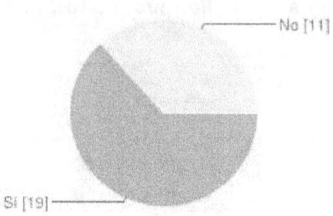

Sí   **19**   63%

No   **11**   37%

Interpretació

Aquesta enquesta va ser realitzada a 30 persones en territori català i ens dóna una sèrie de resultats que són importants d'estudiar i interpretar.

A la **primera pregunta**, es pregunta **"Què creieu que és l'Aran?"**, aquí, 18 de 30 enquestats han contestat que és una comarca; 7 de 30 han contestat que és un país; 1 de 30 ha contestat que és una nació sense Estat i 4 de 30 han cregut que seria convenient una altra resposta, això ens demostra que per a la majoria de la societat catalana la Vall d'Aran és una comarca (un 60% dels enquestats ho creuen) i el 23% d'ells creuen que és un país. Això és degut a que l'enquesta s'ha fet principalment a barcelonins i alguns aranesos fet que provoca aquesta opinió.

La **segona pregunta** ens diu **"Quin ha de ser el futur de la Vall?"**, veient les respostes, 17 persones (un 57%) ha contestat que s'hauria de seguir com fins ara; les 13 persones restants (43%) han decidit s'hauria de poder adquirir més competències a nivell del Conselh Generau per a ampliar el seu marc d'actuació; cap d'elles ha contestat que l'Aran ha d'esdevenir un Estat independent. Aquí, veiem una divisió en el pensament de la població enquestada que es pot deure a la penúltima resposta en la que s'ha demostrat que molta gent no coneix realment quin és l'estat actual del règim polític a la Vall.

La **tercera pregunta** és **"Com és la cultura aranesa?"**. 8 persones (27%) han contestat que és única, 9 (30%) que és semblant o igual a la catalana i 13 persones (43%) han cregut convenient que eren les dues respostes. En aquestes respostes, s'expressa com la cultura aranesa és vista per la població catalana com una cultura similar a la del Principat però també amb els seus trets especials i únics que demostren la seva diferència amb d'altres territoris.

A la **pregunta "És l'aranès una llengua que és important que sigui coneguda pels catalans?"** la resposta ha sigut gairebé unànime: 24 persones (80%) han contestat que sí, 5 persones (17%) que no i 1 única persona (3%) ha cregut convenient contestar Ns/Nc. Aquesta dada ha sigut una de les més crucials ja que es descobreix que, tot i la desconeixença de tot el món que envolta a l'Aran, hi ha una predisposició a conèixer i a comprendre el que ve de la Vall.

La interpretació de la **cinquena pregunta, "Creieu que calen mesures urgents per a protegir l'aranès?"**, es manté en la línia de la tercera, ja que 22 persones (73%) han contestat que sí, 1 (3%) ha contestat que no i 7 persones (23%) han contestat Ns/Nc. D'aquesta pregunta s'interpreta que hi ha una majoria de catalans (siguin provinents de la Vall com del Principat) creuen que l'aranès corre perill i que cal protegir-lo.

La **sisena pregunta diu "Com veieu que els catalans tracten la cultura aranesa (respecte i interès per la llengua, cultura, història, etc.)?"**. 1 persona (3%) ha contestat "Molt bé"; 13 persones (43%) han contestat "Bé"; 16 (53%) han contestat "Solen ser indiferents" i cap d'ells ha contestat "Malament" o "Molt malament". Aquí veiem com molta gent comprèn que, malgrat la disposició a conèixer la llengua aranesa, molts dels enquestats creuen que els catalans solen ser indiferents a la cultura de la Vall. Es troba, doncs, mancances en el procés de comprensió de la identitat aranesa perquè la meitat de la població enquestada creu que no hi ha un interès sobre aquesta.

La **setena pregunta** és **"Us sentiu còmode amb la situació político-administrativa de la Vall (Llei de règim especial de la Vall d'Aran, etc.)?"**.
13 persones (43%) han contestat "Sí", cap ha contestat "No" i 17 persones (57%) han respòs "Ns/Nc". Analitzant aquesta dada podem extreure dues conclusions, hi ha gent que creu conèixer la situació de la Vall i n'està d'acord i, per altra banda, més de la meitat d'enquestats no saben quina és aquesta situació i prefereixen no contestar.

Finalment, la **vuitena, pregunta "Cal fer millores?"**. 19 persones (63%) han contestat "Sí" i 11 persones (37%) han contestat "No". L'opinió està dividida en dos fronts però la resposta afirmativa supera a les 13 persones que han contestat afirmativament a l'anterior, per tant, tot i ser positiva aquesta situació político-administrativa, s'espera millorar-la.

Entrevistes i converses

Al llarg del treball s'han realitzat diverses entrevistes i converses amb personalitats i representants de diversos sectors aranesos com són el sector polític, religiós, empresarial i educatiu.

El seguit d'entrevistes (la transcripció és un resum) s'han fet a:

- **En Luis Carlos Medina**
  Vicesíndic primer del Conselh Generau
- **En Jusèp Loís Sans**
  Cap de Política lingüística del Conselh Generau
- **Na Montserrat Pedarrós**
  Professora de Llengua aranesa a Barcelona

El seguit de converses gravades que s'annexen al CD s'han fet amb:

- **Mn. Jusèp Amiell**
  Rector i Arxipreste de la vall d'Aran, coautor del *Petit Missau Aranés*, cofundador de la revista Tèrra Aranesa i traductor del Nou Testament en aranès.
- **En Loís Cibar**
  Empresari local de l'hostaleria i la restauració
- **En Javier Tous**
  Empresari local de la restauració

Model de les entrevistes
Aranès

Bon dia, me digui Carles Ruiz i Gil, e só un escolan deth Institut Bernat el Ferrer de Molins de Rei.

Ara li harè un seguit de questions:

Parlam dera Querimònia,

- Perqué ei tan important tara Val aguest document?
- Me pòt explicar era istòria dera Querimònia?
- Vostè cre que serà bèth còp creada ua naua Querimònia?

Parlam dera Valh,

- Com se formèc Er Aran?
- Com se distribuis territoriau e politicament?
- A trèts diferenciaus des comarques catalanes?
- Guaire poblacion a era Val?
- Quin ei eth futur dera Val?

Parlam dera cultura,

- Com ei era cultura aranesa?
- Podem díder que son era madeisha cultura se parlam de cultura aranesa o gascona?
- Me pòt explicar bèth hèt interessant dera cultura aranesa que vostè cre important?
- Quin futur a era cultura dera Val?

Parlam dera societat,

- Ei barrada era societat aranesa?
- Quin sentiment i a entà Catalonha?
- Quines lengües son mès parlades ena Val?
- Quin futur a era societat aranesa?

Parlam dera economia,

- En qu'ei basada era economia dera Val, ara madèish?
- E hè uns decènnis?
- Quina ei era evolucion dera economia aranesa ena història?
- Quin ei eth sòn futur?

Parlam dera politica e eth sentiment nacionau,

- Quin ei eth sentiment entà era politica dera Valh per part dera poblacion?
- Com ei era intervencion politica ena Val?
- Es aranesi senten Era Val com un país?
- Parlam dera Val d'Aran com ua nacion?
- Quin ei eth futur qu'es aranesi desiren?

Fòrça gràcies per respóner es questions. Jo voi qu'aguest trebalh servisque tà hèr qu'era ciutadania coneishi era Val damb era sua realitat istorica, actuau e futura.

Català

Bon dia, sóc en Carles Ruiz i Gil, un alumne de l'Institut Bernat el Ferrer de Molins de Rei.

Ara li faré un seguit de preguntes:

Parlem d'Era Querimònia,

- per què és tan important per a la Vall aquest document?
- Podria explicar la història d'Era Querimònia?
- Creu vostè que serà algun cop creada una nova Querimònia?

Parlem de la Vall,

- Com es va formar l'Aran?
- Com es distribueix territorial i políticament?
- Té trets diferencials de les comarques catalanes?
- Quanta població té la Vall?
- Quin és el futur de la

Vall? Parlem de la cultura,

- Com és la cultura aranesa?
- Podem dir que són la mateixa cultura si parlem de cultura aranesa o gascona?
- Podria explicar algun fet interessant de la cultura aranesa que cregui important?
- Quin futur té la cultura de la Vall?

Parlem de la societat,

- És tancada la societat aranesa?
- Quin sentiment hi ha cap a Catalunya?
- Quines llengües són majoritàriament parlades a l'Aran?
- Quin futur té la societat aranesa?

Parlem de l'economia,

- En què es basa l'economia de la Vall ara?

- I fa unes dècades?
- Quina ha sigut la seva evolució?
- Quin és el seu futur?

Parlem de la política i el sentiment nacional,

- Quin és el sentiment en vers la política a la Vall per part de la població?
- Com és l'intervenció política a la Vall?
- La gent aranesa sent la Vall com un país?
- Parlem, doncs, de l'Aran com una nació?
- Quin és el futur que voldrien els aranesos?

Moltes gràcies per contestar les preguntes. Desitjo que aquest treball serveixi per a fer que la gent conegui la Vall i la seva realitat històrica, actual i futura.

Entrevista a En Luís Carlos Medina

Parlem d'Era Querimònia,

- Per què és tan important per a la Vall aquest document?

    Representa un fita molt important pels aranesos ja que estableix molts privilegis en un moment en el que no era gaire normal tenir uns privilegis. Perquè han preservat uns privilegis que han fet que la Vall fos única.

- Podria explicar la història d'Era Querimònia?

    Sempre ha sigut un territori estratègic que ha estat entre Corones, va arribar un moment, en que es disputava el territori de la Vall i, finalment, es va decidir deixar de fer conflictes per la Vall i se signa un document inicial que recull alguns drets i maneres de fer de la Val, desprès de diversos tractats fets al llarg del temps, es van ratificar els drets que els aranesos sempre havien tingut en una forma de "constitució" que anomenarien Querimònia.

- Creu vostè que serà algun cop creada una nova Querimònia?

    És molt difícil perquè els temps canvien, però la forma de ser i de fer de l'Aran probablement serà reconeguda d'alguna manera que permeti plasmar-ho en un document, que és el que al final vol expressar la Querimònia, per exemple ara hi ha la Llei de règim especial de la Vall d'Aran. En un futur, es podrien obtenir més competències en aquesta llei ja que encara es depèn molt de la Generalitat o d'altres tipus d'Administració. Tot i això, la Vall camina junt a Catalunya en el seu dia a dia.

Parlem de la Vall,

- Com es va formar l'Aran?

    Inicialment eren tribus nòmades que es van quedar allà fa milers d'anys ja que la majoria de població vivia a sobre dels 2000 m, desprès es va anar baixant fins a les valls. Poc a poc es van generar nuclis d'activitat ramadera, agricultura, etc. i de població. Com es un pas natural per a passar a França o a Espanya la Vall tenia un flux de població molt important. Als anys 60 la Vall va aconseguir un augment de població important gràcies a les preses i l'energia elèctrica i mitjançant el sector serveis actualment la Vall pot ser un motor econòmic.

- Com es distribueix territorial i políticament?

Està formada per sis terçons (circumscripció administrativa diferent a l'habitual) amb municipis i també petits nuclis poblacionals més petits i/o aïllats (pedanies), els terçons serien com petits sectors o divisions que permeten una distribució distributiva diferent.

- Té trets diferencials de les comarques catalanes?

No és pròpiament una comarca "comuna, és diferent, la vall té trets únics ja sigui per la cultura o pel seu règim especial que es dóna en aquell territori.

- Quanta població té la Vall? 10902 habitants.
- Quin és el futur de la Vall?

Sobretot mantenir la llengua, la cultura, etc. gràcies a la col·laboració del Parlament i el Govern de Catalunya. Ara mateix s'està intentant modernitzar la Llei de règim especial de la Vall d'Aran. Cal treballar molt en la construcció, sector turístic, etc. En la qüestió identitària, ell pensa que s'ha d'anar units amb Catalunya però amb reconeixement més important.

Parlem de la cultura,

- Com és la cultura aranesa? Pròpia.
- Podem dir que són la mateixa cultura si parlem de cultura aranesa o gascona?

Molt semblant, s'ha de tenir en compte que a l'Occitània hi ha moltes variants d'identitats, i una d'ella és la gascona.

- Podria explicar algun fet interessant de la cultura aranesa que cregui important?

La forma de ser (hospitalitat, les formes de fer...) i la llengua, principalment.

- Quin futur té la cultura de la Vall?

    Un futur ric gràcies a que els aranesos s'estimen molt la seva cultura i la cuiden molt. La gent es sol sentir primer aranesa i desprès catalana, espanyola, europea...

Parlem de la societat,

- És tancada la societat aranesa?

    És una creença, són seriosos i treballadors però no són tancats en el moment que et coneixen, és bàsicament una falsa creença.

- Quin sentiment hi ha cap a Catalunya?

    Sentiment de proximitat tant cultural com administrativament.

- Quines llengües són majoritàriament parlades a l'Aran?

    L'aranès, el castellà predomina en molts àmbits i el català (no gaire).

- Quin futur té la societat aranesa?

    Va de la mà del futur de la Vall i s'ha de cercar alternatives per a sortir de la crisi, a més, actualment molta gent torna a la Vall.

Parlem de l'economia,

- En què es basa l'economia de la Vall ara?

    85% turisme i 15% d'altres sectors econòmiques.

- I fa unes dècades?

    Pràcticament una economia de subsistència.

- Quina ha sigut la seva evolució?

    Agricultura-ramaderia, indústria i turisme (la que s'ha dit abans en la pregunta de com es va formar la Vall).

- Quin és el seu futur?

    Turisme i potser empreses tecnològiques i innovació.

Parlem de la política i el sentiment nacional,

- Quin és el sentiment en vers la política a la Vall per part de la població?

    No ho sap, hi ha opinions molt diferents però la majoria dels veïns es coneixen, així doncs, és una política més propera. En conjunt, hi ha una consciència política.

- Com és l'intervenció política a la Vall?
  Molt directa, ja que la política és molt propera.
- La gent aranesa sent la Vall com un país? Absolutament.
- Parlem, doncs, de l'Aran com una nació?
  Segurament.
- Quin és el futur que voldrien els aranesos?
  Benestar econòmic (majoritàriament), social, etc. Dubta, però, que hi hagi una independència aranesa perquè els aranesos han caminat amb Catalunya des de sempre. El que no faran els aranesos és deixar a Catalunya en aquest procés.

Conclusions de l'entrevista a En Luis Carlos Medina

La Querimònia és una fita important pels aranesos perquè han preservat uns privilegis que han fet que la Vall sigui, en certa manera, especial. La Vall s'ha situat sempre en un punt estratègic i amb el pas dels anys, els monarques catalans, van ratificar la seva forma de ser i de fer amb un document anomenat Querimònia. En un futur hi podria haver un document que expressés el que exposava la Querimònia però no veu factible una nova Querimònia.

Històricament els nuclis de població venen d'èpoques prehistòriques i poc a poc es van assentar a la Vall on hi van fer vida i hi van crear la seva economia que de mica en mica va passar de ser únicament del sector primari per a tenir com a referent el sector secundari i, a finals del segle XX, el sector terciari (turisme). La Vall es distribueix territorialment en sis terçons en els que hi ha nuclis de població. És diferencia de la resta de comarques catalanes no només pels seus habitants sinó també perquè el futur de la Vall es basa en garantir l'estabilitat de la llengua, cultura, etc. a més de treballar pels sectors econòmics principals a la Vall. Sobre la qüestió identitària, s'espera rebre més reconeixement per part del poble de Catalunya.

La cultura aranesa és pròpia i semblant a l'occitana. Un tret interessant que es vol comentar seria la forma de ser i la llengua aranesa i el seu futur serà ric perquè la gent s'estima molt la seva cultura.

La societat no és pas tancada sinó seriosa i treballadora i té un sentiment de proximitat amb Catalunya. L'aranès sol ser la llengua més parlada pels 10.902 habitants (segons l'últim cens), el castellà predomina en alguns àmbits i el català no sol ser gaire parlat. Tot això fa que el futur de la Vall vagi lligat amb el futur de la societat i al revés.

L'economia actualment es basa en el turisme i un 15% en altres sectors. Fa unes dècades es situava en una economia de subsistència però tot això ha anat canviant, primerament el sector primari va donar pas a la industria (elèctrica) i desprès al turisme. El futur, per tant, s'espera que sigui una evolució en la que el turisme persisteixi però l'innovació i la tecnologia s'obri pas.

La política és molt propera i directa amb una participació i consciència important. Els aranesos senten la Vall com un país i potser com una nació. El futur que desitjarien els aranesos seria benestar econòmic però dubta que l'Aran, si Catalunya s'independitza, la deixi de banda.

Entrevista a En Jusèp Loís Sans

Parlem d'Era Querimònia,

- per què és tan important per a la Vall aquest document?

    Representa el conjunt de normes que el representaven davant del feudalisme, això permetia construir com una petita república en aquesta "carta magna" i, a més, unia a Catalunya el seu destí.

- Podria explicar la història d'Era Querimònia?

    Era un moment on la Vall era molt disputada i a través de diferents acords la Vall d'Aran torna a la Corona d'Aragó, especialment a Catalunya. Els aranesos van demanar privilegis i se'ls hi va concedir gràcies al pagament d'un *galin reiau*.

- Creu vostè que serà algun cop creada una nova Querimònia?

    No s'ha derrogat mai i, per tant, algunes coses encara es poden utilitzar. La reina Isabel II només va eliminar el *Conselh Generau* però tot i que va perdre l'organització territorial, no va perdre la Querimònia.

Parlem de la Vall,

- Com es va formar l'Aran?

    (No contestada)

- Com es distribueix territorial i políticament?

    La Vall estava dividida en Terçons i després es van constituir els sesterçons però ha quedat com a representativa la paraula *terçon* (terçó). Les eleccions es fan a partir de les eleccions fetes a cada terçó i els representants que hi surten escullen el síndic.

- Té trets diferencials de les comarques catalanes?

    Les comarques ho escullen indirectament però a la Vall d'Aran no es fa així, les eleccions són directes.

- Quanta població té la Vall?

    Unes 10.000 persones.

- Quin és el futur de la Vall?

    Està complicat tan políticament com administrativament per l'intent de retocar l'administració local o comarcal. Per a Catalunya, però, l'Aran és un estendard per a Catalunya i hi aplica el que voldria per a ella mateixa.

Parlem de la cultura,

- Com és la cultura aranesa? (No contestada)
- Podem dir que són la mateixa cultura si parlem de cultura aranesa o gascona?
    (No contestada)
- Podria explicar algun fet interessant de la cultura aranesa que cregui important?
    (No contestada)
- Quin futur té la cultura de la Vall? (No contestada)

Parlem de la societat,

- És tancada la societat aranesa?

    Sí, com tota societat de muntanya. Aquí es reflecteixen els estereotips de les poblacions de muntanya. Tot afecta a la forma de viure de la societat.

- Quin sentiment hi ha cap a Catalunya?

    Un sentiment divers, a vegades complicat i, fins i tot, de refús. Amb el tema de la independència pot sortir alguna cosa que no agradi gens a la societat catalana. Hi ha un vot del PP-PSOE molt rellevant. Hi ha hagut gent que ha lluitat molt en contra de Catalunya tot i que no hauria d'haver sigut així.

- Quines llengües són majoritàriament parlades a l'Aran?

    El castellà (el primer), l'aranès i el català. S'ha perdut molt l'ús de l'aranès com a llengua de carrer.

- Quin futur té la societat aranesa? (No contestada)

Parlem de l'economia,

- En què es basa l'economia de la Vall ara?

    En el turisme i alguna presència d'altres activitats. Sol estar tot relacionat amb el turisme.

- I fa unes dècades?

    S'ha transformat d'una economia de subsistència a una economia industrial i finalment una economia turística, també ha representat un increment de l'estat del benestar a la Vall. També hi ha més immigració per causes econòmiques, molts són del Nord de l'Àfrica o de l'Est europeu. Per contra, la gent se'n va per estudiar o per trobar treball a altres llocs (són pocs casos).

- Quina ha sigut la seva evolució?

    Economia de subsistència agrària, etapa de preses energètiques i etapa del turisme.

- Quin és el seu futur?

    El futur està negre, depèn molt del turisme d'hivern. Tot i així, la cultura aranesa és molt important perquè s'està creant molta cultura a la Vall.

Parlem de la política i el sentiment nacional,

- Quin és el sentiment en vers la política a la Vall per part de la població?

    (No contestada)

- Com és la intervenció política a la Vall?

    (No contestada)

- La gent aranesa sent la Vall com un país? (No contestada)

- Parlem, doncs, de l'Aran com una nació?

    (No contestada)

- Quin és el futur que voldrien els aranesos? (No contestada)

Conclusions de l'entrevista a En Jusèp Loís Sans

La Querimònia representa la representació en forma d'un tipus de "carta magna" de les normes de la Vall i unia a l'Aran amb Catalunya. Se'ls hi va concedir en un moment on era un territori molt disputat a canvi d'un galí reial per cada cap de família. La Querimònia mai s'ha derrogat i per tant encara segueix vigent, així doncs, algunes coses encara es podrien utilitzar.

La Vall es divideix en terçons i cadascun escull els seus representants que escolliran el Síndic. L'elecció és directa (dels representants) a diferència de les altres comarques. L'Aran té aproximadament unes 10.000 persones i el seu futur està complicat tot i que es confia en que Catalunya protegeixi a l'Aran com a estendard del que voldria que es fes amb ella.

La societat aranesa es tancada com totes les de muntanya i, a vegades, hi ha un sentiment de refús cap a Catalunya. El castellà està agafant força com a llengua de carrer en detriment de l'aranès però segueixen sent les més parlades enfront del català que és el menys parlat.

L'economia de la Vall es basa en el turisme i amb d'altres activitats que solen estar relacionades amb aquest. Fa unes dècades era una economia de subsistència i s'ha anat transformant (economia agrària, després energètica i finalment turística). Té un futur "negre" a causa de la seva dependència amb el turisme (sobretot d'hivern) però s'està creant molta cultura que és un sector econòmic que podria donar resultat.

Entrevista a Na Montserrat Pedarrós
(en aranès)

Parlam dera Querimònia,

- Perqué ei tan important tara Val aguest document?
- Pr'amor qu'ei un document que mos autreje uns drets e exempcions especifics coma parçan.
- Me pòt explicar era istòria dera Querimònia?
- Anteriorament ath 1313, era Val d'Aran auie era volontat de non depéner deth govèrn deth nòrd (Senhors de Commenges) ne deth Palhars e Ribagòrça. Es negociacions entre Aragon e França acabem damb eth Tractat de Poissy que determine qu'Aran a de pertánher ara corona catalanoaragonesa. Damb era Querimònia es aranesi reconeisheràn fidelitat ath rei d'Aragon e eth rei, a cambi, les auferirà era sua proteccion.
- Vostè cre que serà bèth còp creada ua naua Querimònia?
- Pensi qu'actuaument non se dan es condicions tà crear cap de Tractar parièr ara Querimònia.

Parlam dera Valh,

- Com se formèc Er Aran?
- Aran ei un amàs de pòbles plaçadi ath long der arriu Garona damb ua istòria que remonte as tempsi preistorics.
- Com se distribuis territoriau e politicament?
- Aran ei dividit geograficament en dus: Naut Aran e Baish Aran. Vielha ei eth terme que se tròbe en miei des emplaçaments. Politicaments ei dividit en sies terçons: Pujòlo, Arties e Garòs, Castièro, Marcatosa, Lairisa e Quate Lòcs.
- A trèts diferenciaus des comarques catalanes?
- Culturaument ua lengua e cultura uniques en Catalonha. Orograficaments ei era unica val catalana que guarde de cara tath nòrd.
- Guaire poblacion a era Val?
- De cap a 10.000 abitants.

- Quin ei eth futur dera Val?
- Eth futur economic dera Val semble que non a d'auer massa problèmes s'eth torisme seguís visitant es tèrres araneses. Per çò que tanh era sua lengua era causa ja ei mès delicada. Era afluéncia de visitants è qu'era nòsta lengua cada viatge se desdiboishe mès per motiu de totes es influéncies exteriors que recep.

Parlam dera cultura,

- Com ei era cultura aranesa?
- Ei ua cultura particularment diferenciada dera resta de Catalonha pera grana influéncia que recep dera cultura occitana: musica, literatura....
- Podem díder que son era madeisha cultura se parlam de cultura aranesa o gascona?
- Era cultura aranesa ei pròp dera gascona, mès recep tanben influéncies dera cultura catalana e darrèraments dera cultura occidentau. Non è pas massa temps se podec assistir a un concèrt de musica rap en aranés ena ciutat de Lheida. Era globalisacion pòrte aguestes causes.
- Me pòt explicar bèth hèt interessant dera cultura aranesa que vostè cre important?
- Es desvolopament de grops de dança aranesa en quauqui pòbles d'Aran: Corbilhoés de Les, Sautarèths de Bossòst. Grops musicaus coma Bramtopin. Eth grop de teatre Era Cabana de Les. Fòrça iniciatives culturaus an lòc ena Val.
- Quin futur a era cultura dera Val?
- De moment i a inquietuts culturaus per part des abitants d'Aran e tanben per part deth Conselh que sage de promoïr activitats tà dinamizar eth parçan. Romanic musicau siguec ua bona experiéncia. Enes darrèri ostius se celebrauen concèrts de musica classica en diferentes glèises dera Val e era entrada ère gratuïta.

Parlam dera societat,

- Ei barrada era societat aranesa?
- Pensi qu'ei ua societat dubèrta, eth hèt de recéber tanti visitants ath long der an, hè qu'es abitants dera Val agen especiau sensibilitat tà non barrar-se ara resta deth mon.
- Quin sentiment i a entà Catalonha?
- Pensi qu'es aranesi arregraïssen as catalans e ath sòn govèrn era ajuda recebuda e era sua sensibilitat de cap ath hèt diferenciau aranés.
- Quines lengües son mès parlades ena Val?
- Castelhan, catalan e aranés.
- Quin futur a era societat aranesa?
- Eth futur de contunhar trabalhant tà hèr gran ath país.

Parlam dera economia,

- En qu'ei basada era economia dera Val, ara madèish?
- Eth torisme ei era principau hònt de riquesa, ara per ara.
- E hè uns decènnis?
- Era Val viuie exclusivament dera pagesia.
- Quina ei era evolucion dera economia aranesa ena història?
- A passat de èster ua societat rurau a auer era major renta per capita de tota Catalonha segon notícies d'aué (14/11/13)
- Quin ei eth sòn futur?
- Pendent que se mantengue era afluéncia toristica eth futur semble plan optimiste.

Parlam dera politica e eth sentiment nacionau,

- Quin ei eth sentiment entà era politica dera Valh per part dera poblacion?
- Fòrça gent dera Val vòten a favor deth partit que pense que defensarà milhor es sòns interèsi.
- **Com ei era intervencion politica ena Val?**
- Eth Conselh comarcau ei eth regulador politic d'Aran. I a molt bona relacion damb eth govèrn catalan.
- **Es aranesi senten Era Val com un país?**
- Sonque es joeni an aguest sentiment. Era poblacion adulta pense que forme part de quauquarren mès gran coma Catalonha e Espanha. Non an sentiment de país aranés, ben que serie inviable.
- **Parlam dera Val d'Aran com ua nacion?**
- Non, Aran non ei ua nacion, sonque ua part de Catalonha damb trèts diferenciaus.
- **Quin ei eth futur qu'es aranesi desiren?**
- Es aranesi vòlen sentir-se caperadi pera politica catalana e auer dret a toti es servicis sociaus. E per descompdat, que s'acaben es retalhades.

Conclusions de l'entrevista a Na Montserrat Pedarrós

La Querimònia és un document que dóna als aranesos uns drets i exempcions especials, aquesta té una història singular ja que anteriorment al 1313 la Vall no volia dependre dels senyors de Comenges ni dels senyors de Pallars i amb la incorporació de l'Aran a la Corona catalanoaragonesa es va signar la Querimònia amb la que els aranesos van jurar fidelitat al rei. Actualment, no hi ha les condicions per a crear un document semblant a la Querimònia.

La Vall és un conjunt de pobles al llarg del Garona amb una història que es remunta a etapes prehistòriques. Aran es divideix en dos (Naut Aran i Baish Aran) i a més, en sis terçons: Pujòlo, Arties e Garòs, Castièro, Marcatosa, Lairisa e Quate Lòcs. Té trets orogràfics i culturals que el diferencien de les altres comarques catalanes. Té una població duns 10.000 habitants i s'espera que no hi hagi problemes econòmic però cal protegir la llengua aranesa.

La cultura aranesa rep influències catalanes, occitanes i d'altres cultures occidentals a causa de la globalització. Moltes iniciatives culturals tenen lloc a la Vall, aquest és un fet a destacar per sobre d'altres. Hi ha inquietuds culturals que seria interessant que seguissin endavant per a protegir la llengua d'Aran.

La societat aranesa és oberta i està agraida cap a Catalunya per acceptar la diferència entre els pobles català i aranès. Les llengües més parlades a la Vall són bàsicament el castellà, el català i l'aranès. I el futur d'aquesta societat és seguir treballant per a fer gran el país.

L'economia es basa sobretot en el turisme i fa unes dècades en l'agricultura. Ha passat de ser una economia rural a tenir la major renta per càpita de Catalunya. I el seu futur es basa en que segueixi l'influència turística però sembla prou optimista.

El Conselh Generau és l'òrgan regulador de l'administració aranesa però hi ha molt bona relació amb el govern català. Els joves senten l'Aran com un país però els adults no ho solen pensar, ja que és una part de Catalunya amb trets diferencials. El futur polític i social de la vall és sentir-se protegits per la política catalana, tenir tots els drets socials i que s'acabin les retallades.

Conclusions generals de les entrevistes i converses

La Querimònia és un document mai derrogat per ningú en el que es donen una sèrie de drets i exempcions que suposen una fita pel poble aranés. Tots aquests drets es donaven a canvi d'un galí reial.

Històricament els habitants de la Vall es van assentar allà en època prehistòrica i van anar avançant poc a poc. Va passar de ser una economia de substistència a una energètica i, finalment, una economia turística. Aquesta comarca es divideix en dues parts que, alhora, es divideixen en sis terçons (divisions administratives). Cal treballar per la cultura i pels sectors econòmic més importants segons els enquestats.

La cultura aranesa és semblant a l'occitanogascona però rep influència d'altres cultures i això fa que sigui una cultura única. Un dels pilars culturals és l'aranés que esdevé un eix comunicatiu a més del castellà i el català.

L'economia ha patit diverses transformacions al llarg dels segles (primer agraria, després industrial i, finalment, turística). L'economia aranesa té un futur en la innovació d'altres sectors (tecnològic, cultural, etc.) i la inversió en el sector turístic que és el més abundant i el que genera més riquesa.

Finalment, la política a la Vall és molt directa i hi ha consciència política però hi ha opinions molt diverses, sobretot entorn l'eix Aran-Catalunya-Espanya el qual fa que hi hagi respostes variades. Malgrat això tots confien en que l'Aran seguirà al costat de Catalunya tot i ser un país diferent al que estem acostumats a conèixer.

Conclusions

Desprès de fer un estudi general sobre la Vall d'Aran he pogut contestar a la pregunta amb la que vaig obrir aquest treball: "És la Vall d'Aran un país?".

Per la part històrica, es pot comprovar com l'Aran no ha format part de la Corona d'Aragó des de temps immemorials i, per tant, té fets històrics diferents als catalans tot i que té una part de la seva història que la comparteix amb el poble de Catalunya.

Per la part de Dret, entès com a Dret Històric, trobem que la Vall va rebre un document molt important, anomenat Querimònia, del qual al 2013 es complien els 700 anys de la seva creació, el qual atorgava al poble d'Aran gran autonomia a l'hora de pagar impostos o de fer ús de les terres i els boscos.
Aquest document és una important característica que va permetre la diferenciació entre els catalans i els aranesos al llarg dels segles.

Per la part econòmica, trobem que l'Aran té una economia que es diferencia de gran part de les terres de Lleida i el Pirineu perquè les comarques muntanya basen la seva economia en agricultura i una mica de turisme a diferència de l'economia aranesa que es val de gran part de turisme i, puntualment, algunes parts d'agricultura. Això, suma't a que l'Aran és el principal motor de turisme d'hivern i un destí molt important a l'estiu, fa que la Vall d'Aran tingui uns trets econòmics propis que es diferencien de gran part del territori català de muntanya.

L'economia aranesa, històricament, s'ha basat en l'intercanvi amb França perquè, la major part de l'any, el Port de la Bonaigua ha estat tancat a causa de la neu i fins al segle XX, quan es va obrir el túnel que és un camí de ràpid accés entre la Vall d'Aran i l'Alta Ribagorça, l'Aran no va obrir un mercat important de cara a les terres catalanes. Aquest túnel també va possibilitar l'incorporació del turisme espanyol a la seva carta de sectors terciari ja que creava una connexió que permetia que la Vall d'Aran restés oberta tot l'any sense problemes a causa de la neu. Malgrat aquest avenç, encara cal reforçar les vies de comunicació perquè el trajecte fins arribar a l'Aran sol ser llarg ja que les carreteres d'accés no permeten arribar-hi fàcilment i amb comoditat i això malmet, en part, el turisme i la connexió Barcelona-Vielha.

Geogràficament, la Vall també té uns trets únics i és que aquell petit indret de l'extrem nord-oest de Catalunya té un clima diferent al nostre, el clima atlàntic. El clima atlàntic ha fet que els seus cultius i la seva economia no siguin els mateixos que els de les valls del voltant.

Si observem la cultura, s'apropa molt més a l'occitana i és perquè l'Aran és un "parçan" d'Occitània i, per tant, culturalment forma part d'un territori immens anomenat Occitània que ocupa gairebé la meitat de França i també altres zones d'estats com Itàlia o Espanya. Això ens obliga a acceptar que la Vall d'Aran, tot i rebre grans influències culturals catalanes o espanyoles, durant segles ha rebut moltes més influències per part de la Gascunya (França) i així ha adquirit una cultura única en territori de Catalunya la qual és una barreja entre la cultura occitana amb algun toc català.

Lingüísticament, la Vall d'Aran té una característica que trenca amb la resta de territori català (actual) ja que en aquelles valls es parla l'aranès, una variant dialectal del gascó que és una variant de l'occità. Per a fer una comparació vàlida seria com parlar "pallarès" (lleidatà del Pallars). El fet de tenir una llengua pròpia i única en tot l'entorn català provoca la divisió clara entre el poble català i el poble aranès que, tot i formar part de Catalunya, tenen unes característiques pròpies i diferents als altres.

Per tant, entenent un país com un territori amb una cultura, història i economia pròpia, hem de definir la Vall d'Aran com un país, *eth país d'Aran*.

El Treball de recerca ha sigut per mi un treball absolutament vocacional perquè el tema que he escollit és un tema que m'apassiona. Per altra banda aquest treball m'ha ajudat a conèixer la realitat que succeeix en un indret tan allunyat i a la vegada tan proper a Barcelona.

Alhora, m'ha costat plasmar tot el coneixement per escrit perquè no aconsegueixo allargar-me molt i ho sintetitzo massa. Tot i així, estic content amb el treball fet.

Ha sigut un procés de maduració personal important ja que el treball m'ha obligat a anar a diversos llocs i a treballar autònomament.

Glossari

- *País*: Territori d'una nació, d'un poble.

- *Nació*: comunitat de persones que participen d'un sentiment d'identitat col·lectiva singular, a partir d'una sèrie de característiques compartides en el camp cultural, jurídic, lingüístic o altre.

- *Realitat Nacional*: terme encunyat a l'Estatut d'Autonomia de Catalunya del 2006 per a integrar a l'Aran d0una manera més justa. És, per tant, un territori diferenciat de uns altres però que no pot abastir el terme nació perquè en pertany a un altre, és a dir, és un poble diferenciat dels altres de la mateixa nació.

- *Terçon*: paraula occitana per a designar una divisió política i administrativa a la Vall d'Aran.

- *Parçan*: paraula occitana equivalent a comarca que es defineix com un territori reduït amb una certa unitat geogràfica, històrica i de relació entre els pobles que l'habiten.

- *Conselh Generau*: Màxim òrgan de representació política a la Vall d'Aran.

- *Síndic*: cap de l'administració pròpia de la Val d'Aran.

Bibliografia

Aranesisme: (en línea) <http://www.aranesisme.org/> (Consulta 4.9.2013)

AVEEV: Valle de Arán (en línea) <http://aveev.org/aveevwiki/ciaeewiki/index.php?title=Valle_de_Ar%C3%A1n> (Consulta 20.8.2013)

Eth País: (en línea) <http://ethpais.blogspot.com.es/> (Consulta 15.6.2013)

Daily plebiscite: Un "cos infungible" o una nació? L'Aran entre Catalunya i ella mateixa (en línea) <http://www.dailyplebiscite.com/ca/2012/11/07/un-cos-infungible-o-una-nacio-aran-entre-catalunya-occitania-i-ella-mateixa/> (Consulta 7.7.2013)

DE MONTOYA, J. *Vademecum aranense (Antologia de textes en aranés)*. Lleida: Conselh Generau d'Aran, 1999. ISBN: 84-89940-32-0

Desel, C. *Aran Clavis Regni. Era defensa d'un país.* Vielha: Musèu dera Val d'Aran, 2009. ISBN: 978-84-612-5637-2

Viquipèdia: Occitània (en línea) <http://ca.wikipedia.org/wiki/Occit%C3%A0nia> (Consulta 23.7.2013)

Wikipedia.oc: Parçan (en línea) <http://oc.wikipedia.org/wiki/Par%C3%A7an> (Consulta 6.1.2014)

324: política (en línea) <http://www.324.cat/noticia/2138573/politica/Que-es-la-Querimonia> (Consulta 1.7.2013)

Annexos

❖ Document d'Era Querimònia (en català, original en aranès)

❖ CD amb converses i entrevistes (NO INCORPORAT AL LLIBRE)

TEXT DE LA QUERIMÒNIA

"En nom de Crist. Sàpiga tothom que davant Nós, Jaume, per la gràcia de Déu rei d'Aragó, de València, de Sardenya i de Còrsega, i comte de Barcelona, van comparèixer Guillem Arnau de Montcorbau, cavaller; Joan de Casarilh; Ramon Arnau de Castellars; Guillem de Santa Maria de Cap d'Aran; Guillem de Muntaner de Pujo; Bernat de Castellvaquer; Sanç de Canal de Canejan, procuradors i síndics de tots els homes i de les comunitats de la nostra Vall d'Aran, pregant amb insistència i suplicant humilment, tant en nom d'ells, com en el de les comunitats, que les seves llibertats, franqueses i immunitats i consuetuds observades a la esmentada Vall durant llarg temps pels nostres predecessors, ens dignéssim confirmar-los-les per la nostra benignitat reial, les quals ens són presentades per escrit en capítols. I nós benignament inclinant vers les seves súpliques, volent reconfortar en la justícia tots i cadascun dels habitants de la esmentada Vall com a naturals i fidels nostres i refermar-los en el seu estat pacífic i tranquil, tal com escau a la dignitat reial, per això hem determinat de confirmar-les i sobre algunes d'elles hem fet provisions i ordenaments, tal com es diran a continuació:

I

Primer concedim i confirmem el capítol segons el qual els homes de la Vall d'Aran posseeixen les terres, les vinyes, les cases, els horts i els arbres fruiters, lliures i francs, sense cap usatge ni servitud reial, questia, subvenció o precària, i que les poden vendre com a pròpies, sense el requeriment o vènia del senyor. Conservem, però, sempre per a nós i els nostres sobre elles els sexterç de blat que per cada casa ens han de donar cada any.

II

També concedim el capítol segons el qual tenen i posseeixen les aigües franques i lliures, i que en elles poden pescar i construir molins i regar els prats en comú, sense el requeriment de la nostra potestat.

III

També concedim el capítol segons el qual tenen i posseeixen els boscos i les selves francs i lliures, i que del mateix lloc poden extreure la fusta, les bigues per als trespols de les cases i tota altra mena de fusta per al seu ús i la seva conveniència. També poden caçar-hi ancípits, o estúrnids i falcons. I aquell qui primer trobi els nius de les esmentades aus voladores, pot agafar-les dels nius quan vulgui, com si fossin seves, i vendre-les o donar-les a qui vulgui. També poden caçar, als mateixos boscos, óssos, senglars, cérvols, i tot altre gènere de feres, i vendre-les o donar-les a qui vulguin, sense el requeriment de la nostra potestat.

IV

També concedim el capítol segons el qual tenen i posseeixen les seves pastures i els seus boscos francs i lliures, i fer-ne ús com qualsevol cap de família fa ús de les seves pròpies coses. També a les seves muntanyes i pastures poden fer pasturar els seus animals i tallar herbes per al hivern i penyorar els homes d'altres llocs que vinguin a pasturar dins les seves muntanyes, i matar bens i ovelles, i cabres que estiguin a les seves pastures o als tancats de les seves pastures i de les seves muntanyes, i cremar les herbes que foren tallades pels homes d'altres contrades veïnes contra la voluntat dels cònsols o dels jurats, sense el requeriment de la nostra potestat.

V

Concedim també el capítol segons el qual els cònsols o jurats de qualsevol lloc de la vall poden penyorar els habitants del lloc d'a on són ells sense cap contradicció, tant cavallers com escuders, de qualsevol categoria i els seus enviats, a les muntanyes, a les viles, o als boscos, si traguessin profit de la comunitat de veïns, és a dir, de les muntanyes closes i tancades i posessin o portessin els seus animals a les muntanyes acotades, on no pasturen els animals dels veïns; o bé si tallessin fusta o arbres als boscos acotats, abans del temps acostumat, allà on els seus veïns en una època determinada solen talar per mandat dels cònsols o dels jurats; o sigui que poden matar els anyells i les ovelles i menjar-se'ls o bé treure de les seves cases qualssevol penyores i obligar-los a redimir-les, segons que demanen i exigeixen els guanys dels excedents; i això sense el mandat del jutge o de la nostra potestat

VI

També concedim el capítol segons els qual els homes de la Vall ens han de seguir, a nosaltres i als nostres successors, en l'exèrcit i en la cavalcada amb les seves pròpies despeses a càrrec d'ells durant un dia. I si per la nostra voluntat o la dels nostres successors ens haguessin de seguir en el esmentat exèrcit o cavalcada més d'un dia, aleshores nosaltres, o el nostre lloctinent, hem d'abastar aquests homes en totes les coses necessàries.

VII

Però sobre el capítol segons el qual cap home de la esmentada Vall no pot ésser capturat o retingut captiu, si pot oferir una fiança suficient, llevat que sigui manifest que és un lladre, o un usurpador, o que hagi comès un crim de lesa majestat, haurà de comparèixer, no obstant això, davant un judici els dies i les hores en els quals el jutge l'hagi citat. I si algú de la Vall cometés homicidi, si no és que ho faci a traïció, pot aconseguir la llibertat si paga diners als amics en nom del mort, d'acord amb la llarga consuetud observada des d'antic, és a dir, ha de pagar mil sous jaquesos, per cavaller mort, o persona de categoria semblant, 600 sous jaquesos per l'home lliure o per el infançó, 300 sous jaquesos pel servent i també pel llibert, i així pot evadir la responsabilitat si l'homicidi pot ésser satisfet d'acord amb el costum. Per l'extracció d'una daga o el llançament d'una sageta, o d'una llança, o d'una pedra, o de qualsevol altra mena d'arma, mentre la sang no surti o brolli, restarà immune de la pena pel jutge.

Així pel benestar i tranquil estat de la esmentada Vall i d'aquells que hi habiten, tenim cura i també ordenem que sobre aquestes coses es faci servir l'ordinació feta per el il.lustre Jaume, de bona memòria, rei de Mallorca, l'oncle nostre, quan tenia sota el seu domini aquesta Vall, la qual ordinació fou també rebuda pels homes d'aquesta Vall, que la demanaren com una de les seves lleis, la qual nós donem com a bona, raonable i justa, i des d'ara amb certer coneixement confirmem i també aprovem.

VIII

També concedim el capítol segons el qual qualsevol home de la Vall si vol vendre les cases, les terres, les vinyes, els prats, els molins, o d'altres béns immobles, ha de requerir els seus germans, si els tingués, o els seus cosins, o parents més pròxims per línea de parentiu, per si volguessin comprar les coses que ell vol vendre. I si refusessin de comprar-les, sense que sigui obstacle allò que en la llengua vulgar s'anomena torneria, pot vendre-les lícitament a qui vulgui, encara que sigui aliè a la torneria. I després d'un any i un dia, cap parent no pot recuperar una cosa venuda, bo i més si abans hi hagués hagut requeriment per part del venedor, i si els familiars i parents no haguessin estat requerits pel venedor, després de jurar que no s'han assabentat ni tingut coneixement de la venda feta, que la puguin recuperar, si volen.

IX

Sobre el capítol, però, segons el qual hi ha el costum en els homes de la Vall que si algú edifica una casa, o un molí, o una vinya, o conrea la terra i planta arbres al lloc de la comunitat de veïns, els cònsols i els jurats d'aquests veïns, una vegada convocat el poble i tota la comunitat de veïns, poden destruir aquestes cases, aquests molins i aquestes vinyes i talar els arbres, pasturar les herbes amb els animals i tallar-les i

retornar-les a l'ús dels veïns, sense cap requeriment dels jutges, així, per evitar l'escàndol que es podria produir, ordenem i també tenim cura que el nostre castellà de la esmentada Vall, amb el requeriment dels cònsols i de tota la comunitat d'aquest lloc faci el que abans s'ha dit.

X

També concedim el capítol segons el qual els homes d'aquesta comunitat tenen la possessió, l'ús, el costum i la manera des de fa ja tant de temps que la memòria dels homes no en té record, que si un home, després de contreure matrimoni, hagués convingut o fet conveni ambla seva dona sobre coses adquirides o per adquirir, si en sorgia alguna càrrega l'hauran de pagar als seus creditors a parts iguals. I si fan millores o guanys, també s'ho hauran de dividir a parts iguals, si essent l'un viu i l'altre mort no han deixat fills. I això també es manté si el fill d'una família, o filla, hagués fet un conveni amb els seus pares sobre béns ja adquirits o per adquirir després del conveni, que es tindran per indivisos fins que el esmentat conveni i l'assentiment de cadascuna de les parts siguin trencats. També serveix el que s'ha dit si un estrany fa un conveni o un contracte similar amb un altre estrany. Però si la muller o la dona no hagués convingut amb el seu home, o no hagués estat fet conveni amb els esmentats o amb altres persones abans dites, aleshores els béns de l'esposa no podran veure's disminuïts de cap manera a causa dels deutes o gravàmens del seu marit. Això s'entén per a allò que fa al funcionament de la casa i no pas en el cas de delictes que hagin estat comesos.

XI

Sobre el capítol, però, segons els qual els homes de la esmentada comunitat en temps dels nostres antecessors tenien en possessió l'ús i la consuetud de crear els propis notaris i tabel.lions i determinats saigs, si ho exigien els seus demèrits, els podien privar dels seus càrrecs, respecte a la qual cosa van suplicar que els fos íntegrament restituïda per règia majestat; així nosaltres concedim que puguin crear notaris i remoure'ls amb causa, però no poden instituir ni posar saigs, ja que han d'ésser posats per nosaltres o pels nostres oficials i han d'exercir la jurisdicció reial. Per aquesta causa donem l'escrivania de la esmentada Vall a la nostra cort.

XII

Sobre el capítol segons el qual els cònsols o els notables dels homes d'aquesta comunitat tenen i van tenir, ja d'antic, la possessió, l'ús, la consuetud i la costum de tractar i confirmar la pau, de prohibir i posar bans i penes i llevar-les als contradictors i desobedients, sense cap requeriment, ni l'assentiment nostre, ni dels nostres oficials, estatuïm i també ordenem que els esmentats cònsols i notables, si volen, poden només tractar i convenir sobre una avinença amistosa entre els discordants, però no poden fer les altres coses que es contenen en el capítol, perquè pertanyen d'una manera especial a la nostra jurisdicció, i així les volem i manem expedir a través del castellà de la Vall.

XIII

També pel que fa al capítol segons el qual els homes de la comunitat tenien la possessió, l'ús, la consuetud i el costum que si algun dels homes de la esmentada comunitat feria un altre o el colpejava, amb sang o no, que es pogués aconseguir la pau i la concòrdia d'una manera amigable, sense que fos donada o aplicada la llei per part nostra, si davant nostre o dels nostres oficials no fos requerida, la qual cosa demanaren que els fos restituïda íntegrament: així determinem establir per al benestar i tranquil estat d'aquesta

Vall que sigui conservada aquesta ordinació, feta per el abans esmentat rei de Mallorca, quan tenia el domini de la Vall, com ja s'ha dit, fou acceptada per ells com una de les seves lleis, la qual també nosaltres jutgem com a bona, raonable i justa i, com ja s'ha dit, la confirmem.

XIV

També confirmem el capítol segons el qual els homes de la Vall tenen la possessió, l'ús, la consuetud i el costum de fer la pau i de tenir una treva, d'any en any, amb el noble comte de Comenge i Arnau d'Hispània i amb altres veïns de la comunitat. Així determinem respondre i ordenar que ho facin, segons estiguin acostumats, llevat que han de tenir present que si ho facin, segons estiguin acostumats, llevat que han de tenir present que si nós o bé els nostres els ordeníssim el contrari, després de donar deu dies a aquell o aquells amb qui haguessin fet la pau o treva, no observarien ni estarien obligats a observar aquella pau o aquella treva.

XV

També concedim el capítol segons el qual és i fou costum a la Vall d'Aran que el jutge ordinari escoltava les parts litigants sense cap despesa, ni cap salari que fos donat per les parts, sinó que el esmentat jutge jutjava en el seu judici a càrrec del rei, afegint-hi, però, això, que si el esmentat jutge per requeriment de les parts que havien de litigar davant d'ell, o bé d'una d'elles, hagués de sortir de casa seva per anar a un altre indret de la esmentada Vall, fora del lloc designat per escoltar les causes, aleshores se li ha de fer la provisió i que aquest allí mateix es faci el que és costum. XVI

Concedim el capítol segons el qual es diu que des del començament i encara ara és costum a la Vall d'Aran, que si algú deia o proferia algun improperi o alguna paraula deshonesta, com leprós, traïdor, homicida, o altres paraules que ocasionessin dany o vergonya, colpejava algú amb el puny a la cara, o al cap, o al cos, es comprometien davant uns àrbitres, elegits per una i altra part i decidien quina quantitat de diners a pagar s'imposaria a aquell qui hagués fet aquest vituperi i injúria, d'acord amb la importància i la qualitat de les persones. Així ordenem i decidim sobre aquestes coses que es mantingui la esmentada ordinació feta pel rei de Mallorca, quan tenia aquesta

Vall sota el seu domini, la qual ordinació, tal com hem dit, fou acceptada com una de les seves lleis a petició dels homes de la esmentada Vall, la qual també nós acceptem com a bona, raonable i justa, i la confirmem, tal com ja es conté més amunt.

XVII

També pel que fa al capítol segons el qual és consuetud a la Vall d'Aran, observada des de el inici fins avui, que els cònsols de la Vall d'Aran, reunits al lloc de costum, solen constituir i convocar la cort de la Vall, la qual durant un any pot regir i encarregar-se dels afers de la gent de la Vall i tractar, si fos necessari, amb el castellà i per si mateixa, i ordenar les càrregues, les exaccions i els afers de la esmentada Vall. Així establim que aquests cònsols poden posar i designar algunes persones honestes per a tot això, però no que tinguin el nom de corts, sinó el de procuradors o jutges de pau, o consellers de la Vall.

XVIII

També sobre el capítol en el qual hi ha contingut que és una antiga consuetud de la Vall d'Aran que qualsevol que vulgui pot empenyorar el seu veí per ún deute clar i reconegut, i si no es reconeixia el deute que hagués convingut per pròpia paraula davant el jutge, un cop hagi estat demostrat davant el jutge i hagués perdut en el judici, haurà de fer-se càrrec de les despeses. Establim i ordenem, per tal d'evitar que se susciti entre ells cap altercat, el que abans s'ha dit, sigui fet pel nostre castellà de la Vall.

XIX

També concedim el capítol segons el qual és costum que si algun home de la Vall marxava de la vila on ha nascut i establia la seva residència en una altra, no pot fer ús de les muntanyes, ni dels boscos, ni dels terrenys comunals de la vila on ha nascut i d'on se n'ha anat, ni fer pasturar els seus animals, ni regar l'herba, ni talar fusta, ni explotar terres noves, fins que no tingui el seu domicili o fixi la seva residència a la Vall. I si algun foraster establia la seva residència en alguna vila rebrà la seva part comunal, com aquell qui fou i és fill d'aquesta.

XX

També volem i concedim que el castellà de la Vall o d'altres oficials nostres no s'immisceixin en l'ofici dels altres pel que fa a excessos o delictes, llevat del cas que sobre aquestes faltes sigui reclamada davant d'ells la querimònia. Només podran intervenir per raó del seu càrrec, encara que no els sigui reclamada l'aplicació de la querimònia en els casos dels quals pugui seguir la pena de mort o la mutilació dels membres.

XXI

Pel que fa al pagament o al salari que han fet percebre els notaris de la esmentada Vall, creats pels prohoms de la Vall, pels protocols i altres escriptures que hagin de fer establim i manem que els esmentats notaris tinguin i rebin per una carta d'un simple deute, en la qual no intervingui jurament, tres diners jaquesos; si la carta inclou jurament, tres diners jaquesos; si la carta inclou jurament, quatre diners de la mateixa moneda. Per conveni amb declaració, nou diners. Per una carta de venda o de compra rebran sis diners de la mateixa moneda. Per un testament que arribi als 500 sous percebran 18 diners , i, si fos de més quantitat, dos sous, i per més gran que sigui la quantitat no rebran més de dos sous. També per cada foli de l'acta de la comunitat que li siguin pagats tres diners, i per una còpia de la mateixa acta, dos diners per cada foli. Per altra mena d'escriptures seran utilitzades les mateixes tarifes. I si calia que els esmentats notaris eixissin fora de la vila per protestar o fer altres protocols o altres escriptures, a més de l'estipendi esmentat, hauran d'ésser abastats de totes les coses necessàries.

XXII

Així doncs, per la mateixa instància i súplica dels procuradors i dels síndics esmentats, feta a nosaltres, tant en el seu nom, com en el de les comunitats d'on són aquests procuradors, establim, concedim i ordenem per sempre, per nosaltres i pels nostres, que aquesta Vall, per aquest nostre estatut, sigui sempre unida al nostre regne d'Aragó i a la seva corona, i que ni per venda, ni per donació, ni permuta, ni cap altre procediment, pugi ésser de cap manera separada, ni alienada d'aquest regne ni de la seva corona.

Així, doncs, manem als procuradors, veguers, batlles, jutges judicials, delegats, delegats reials, jutges, així com al castellà de la Vall, tant presents com futurs, i als seus lloctinents, que totes i cadascuna de les coses exposades més amunt, que han estat concedides, establertes, proveïdes i ordenades, que siguin fermament tingudes i observades i que tots les facin observar inviolablement per sempre i que no hi contravinguin ni permetin que ningú hi contravingui per cap motiu. I, com testimoni a totes aquestes coses, manem fer aquesta nostra present carta, corroborada amb el segell de la nostra majestat que hi pengem.

Datat a Lleida el dia deu de les calendes de setembre de l'any del Senyor de mil trescents tretze. Signatura de Jaume, per la gràcia de Déu, rei d'Aragó, de València, de Sardenya i de Còrsega, i comte de Barcelona. En són testimonis Felip de Saluci, Odó de Motcada, Guillem de Motcada, Berenguer d'Angulària, Guillem de Cervera. Signatura de Guillem Llobet, escrivent de l'esmentat senyor rei, el qual pel seu manament va fer escriure i la va fer cloure al lloc, el dia i l'any prefixats."

ESPAI PER AL CD NO ANNEXAT

www.ingramcontent.com/pod-product-compliance
Lightning Source LLC
Chambersburg PA
CBHW072243170526
45158CB00002BA/998